CAMILLE CONSTANCE

TRAGEDIE.

DEDIÉE

A MADAME LA MARQVISE

D'AMPVS.

A AVIGNON,
Par GEORGE BRAMEREAV, Imprimeur
de sa Sainčteté, de la Ville, & Vniuersité.

M. DC. LX.

Auec permißion des Superieurs.

A TRES-HAVTE,
ET PVISSANTE DAME.
MADAME MARIE DE BRANCAS.

Marquise d'Ampus , & de Laigne-
roux &c. Dame d'honneur de la
Reyne Mere du Roy.

ADAME,

Le dessein que vos muses ont pris de vous donner quelque preuue de
leur reconnoissance, estoit infiniment au dessus de leurs forces ; la splen-
deur de vos magnifiques bien-faits les eut mis dans l'impuissance de
rien produire qui ne leur fut inferieur, si elles ne se fussent auisées de s'ac-
quitter de cette debte par vos biens propres, comme l'on paye les diuines,
& de vous offrir Camille constance la gloire de vostre maison, pour reconnoistre vos largesses. Nous ne marquions pas d'vne foule d'autres
Heros dans vne famille qui est en possession depuis tant de siecles de don-

A ij

ner au public des miracles de sainéteté, d'esprit, & de courage. Vne sainte Candie, vn S. Thomas d'Aquin, ce mars de la grece, George Castriot, & ce grand Admiral de France André de Villars pouuoient occuper glorieu-sement nos muses. Mais parmy tant d'hommes illustres il n'en estoit point de plus propre pour tesmoigner nostre reconnoissance que celuy que nous vous presentons. La qualité de parent, Madame, vous le doit rendre cher; celle de saint, met nos loüanges a couuert du soubçon de la flatterie ; & celle de lesuite le fait entrer dans les sentiments des bienfaits dont vous aués comblé sa compagnie. Nostre present ne deuoit pas estre moins rare pour auoir quelque rapport auec la grandeur de vostre magnificence ; qui fait vn bien public de vos richesses particulieres, & qui respand auec ioye, ce que le commun des hommes recüeille, & conserue auec empressement: Toutes les magnisiences ont quelque chose de Royal, mais elles tiennent le plus souuent du prophane. Les Piramides, les Mausolees, & les amphi-theatres n'ont seruy qu'à la vanité, au luxe, & à la ruine mesme de l'in-nocence. Vne profusion n'est pas magnifique qui nuit à plusieurs, & ne sert à personne, C'est aussi, Madame, la fin sublime de vostre ouurage qui luy donne le prix, & le releue au dessus de ces monuments de l'orgueil du siecle. Vous ouurez dans ce temple d'ont vous iettés les fondements, vne source de biens & de misericorde, vn lieu de commerce des hommes auec Dieu, vn asile à la penitence, & vn Autel de paix, & de reconciliation, du Ciel, auec la terre Quelle gloire pour vous, Madame, d'entrer en partage de tant d'illustres actions qui se feront en cét Auguste sanctuaire, & de vous voir couronnée des sainctes œuures de tout vn peuple, & de toute la posterité, qui partageant auec nous vos largesses, vous com-blera de benedictions auec autant de iustice que nous sommes.

MADAME,

Vos tres humbles, tres-obeïssants,
& tres-obligez seruiteurs.
Les ESCOLIERS du College de Carpentras.

CAMILLE CONSTANCE
TRAGEDIE.
ARGVMENT.

AMILLE iſſu de la noble maiſon de Conſtance, & Religieux de la Compagnie de Ieſus eſtant entré au Iapon en habit deguiſé, y faiſoit fleurir la Religion Chreſtienne, malgré la cruelle perſecutió de l'Empereur Ixunus, qui ayant eſté menacé par vn faux Prophete, que cét eſtranger ſeroit fatal à ſa vie, & à ſon eſtat, apres l'auoir fait chercher inutilement dans toutes ſes terres, l'auoit proſcrit, & mis ſa teſte à vne groſſe ſomme d'argent. Cependant cét illuſtre inconnu, qu'il faiſoit chercher bien loin, eſtoit dans ſa propre cour deguiſé ſous le nom de Toxima, & en ſi grand credit, qu'il eſtoit deuenu le gouuerneur de ſon fils Prince accompli, & d'eſprit, & de corps, & auquel il ne manquoit que les yeux, que ſon Pere trop attaché à ſes ſuperſtitions luy auoit fait creuer, croyant de détourner par ſon aueuglement le malheur d'ont il eſtoit menacé par vn Oracle, qui luy auoit predit, que ce fils le bleſſeroit vn iour de ſa propre main. La faueur que Camille auoit à la Cour luy attira l'enuie de Cabado premier Mandarin, qui craignant, qu'il n'eſleua ſa fortune ſur les ruines de la ſienne, tenta tous les moyens de le perdre par ſes calomnies: Il auroit eu peine d'en venir à bout, ſi le Ciel, qui vouloit couronner les glorieux trauaux de cét Heros, n'eut permis qu'vne Princeſſe Chreſtienne fit par vne ſurpriſe innocente, ce que ſes ennemis n'auoient peu faire par leur malice, ayát elle méme découuert, que ce Toxima ſi cher à ſon Prince, eſtoit ce Camille fatal à ſon eſtat.

La Scene eſt à Tayma *dans le Iapon.*　　　A　iij

ACTE PREMIER.

PROLOGVE.

Ioseph de la Costiere.

ANDIS qu'Ixunus sollicité par les Bonzes, & les Hollandois assiege Tayma ville d'vn Prince Chrestien, ou il espere de trouuer Camille, qu'il à fait chercher en vain dans toutes ses terres : Cabado qui espioit toutes les occasions de perdre Toxima, luy dressa de nouuelles embuches : il se resolut de liurer le fils de l'Empereur entre les mains des assiegés, voyant que c'estoit le moyen le plus asseuré pour destruire son ennemi, qui estant le gouuerneur du ieune Prince, pourroit estre soupçonné de cette trahison. Il luy fut aisé de faire tomber entre les mains des ennemis vn Prince, qui estoit aueugle, & d'ont il auoit corrompu quelques gardes, qui l'abandonnerent seul en vn lieu, ou il pouuoit estre découuert par les assiegés. Et de fait, le gouuerneur qui s'y estoit porté luy mesme pour ne pas laisser eschapper vne si belle proye, feignant d'estre vn des siens, & de le ramener à sa tente, le conduisoit desia dans la Citadelle, lors qu'il rencontre sur sa marche vne troupe de coureurs, entre lesquels estoit l'Empereur mesme, qui auoit voulu reconnoistre la place en personne : ils se chargerent brusquement; ce genereux Aueugle voulut encores estre de la partie quelque effort que l'on fit pour l'en empescher, & se ietta si auant dans la meslée, qu'il blessa l'Empereur, croyant d'estre aux mains auec vn de ses ennemis. Mais estant d'abord inuesti & reconnu, son Pere qui se persuada qu'il s'estoit rangé du parti des assiegés pour se vanger de son aueuglement, & qu'il s'estoit seruy des yeux d'vn guide pour executer ce Parricide, entra dans vn ressentiment si violent, qu'apres luy auoir osté autresfois l'vsage de la lumiere, il l'auroit priué de celuy de la vie, si ses Capitaines n'eussent fait obstacle à sa fureur.

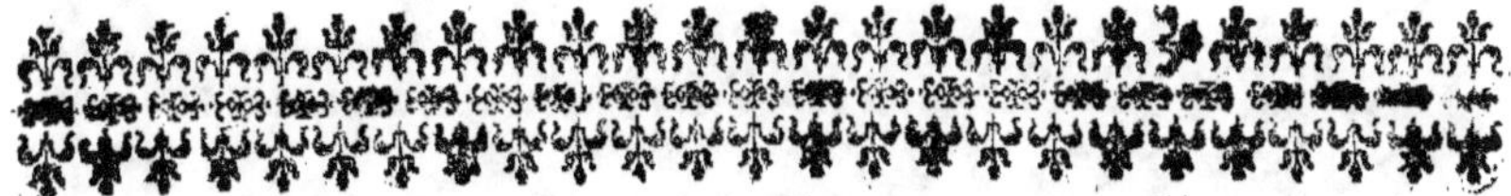

ACTE SECOND.

IEN que le ieune Prince n'aye pas efté retenu par les affiegés, comme l'efperoit Cabado, la fortune pourtant, coniurant s'il femble auec luy la perte de Toxima, luy fait naiftre par vn accidét impreueu vne occafion plus fauorable de contenter fon enuie, & de deftruire la fortune de fon ennemy : car outre le malheur de l'Empereur bleffé par la main de fon fils, qui luy à defia rendu odieux fon Gouuerneur, il apprend par vn Chreftien fait prifonnier fur les affiegés dans le dernier combat, que Camille eft caché dans la maifon de Toxima. Il eft tranfporté de joye à cette nouuelle, & trouuant l'efprit de l'Empereur difpofé à tout croire, il luy perfuade aifément, que celuy, qui a fait de fa maifon vn azile à l'ennemy capital de fon fouuerain, a trempé fans doute dans la fuite du Prince vers les affiegés, & dans la coniuration du fils contre le Pere. L'empereur animé contre la pretenduë felonnie de Toxima, donne la commiffion à Cabado d'en faire la recherche, & de pourfuiure à mort tous les Chreftiens qn'il découurira dans le camp. Il la reçoit comme vn gage, & vne affeurance de fon bonheur, infortuné, qui ne voit pas que penfant percer fon ennemi, il tourne le coufteau contre foy, & que la commiffion, qu'il prend auec tant de joye, fera fatale à toute fa famille ! Tandis que Cabado met Toxima dans les fers, & qu'il fait fentir les effets de fa cruauté, à vn de fes feruiteurs, qu'il prend pour le veritable Camille, parce que de hazard, il en portoit le nom, & eftoit Chreftien ; Ixunus pour reconnoiftre le crime, ou l'innocence de fon fils, luy fait porter la feinte nouuelle de fa mort, & offrir la Couronne, comme à fon legitime fucceffeur, mais ce fils genereux luy perfuade fi bien fon innocence par la vehemence de fa douleur, que ce Pere infortuné, reconnoiffant fon erreur, pour punir fa cruauté enuers fon fils, eft fur le point de faire vn acte de Iuftice en fe tuant foy-mefme.

Iacques de Verot, *terminera le premier iour par vn compliment.*

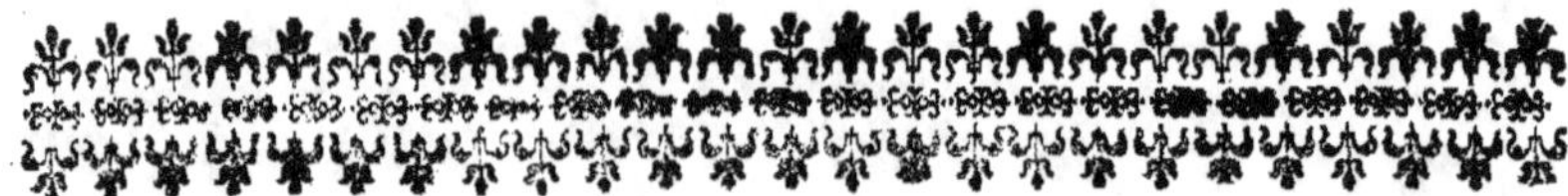

ACTE TROISIESME.

JACQVES DE VEROT, faira l'ouuerture de la Scene au second iour.

PROLOGVE. *Emanuel de Remondis.*

ABADO n'eſt pas ſi heureux qu'il pretendoit: ſa joye s'eſuanouït en vn moment, & ſe change en vne douleur d'autant plus ſenſible, qu'elle eſtoit moins preueüe. Les premiers Chreſtiens, qu'il découure en ſa rigoureuſe, & cruelle recherche, ſont les perſonnes les plus cheres qu'il aye au monde, ſon fils aiſné Celſe, & ſon couſin Polieucte, d'ont il ne peut verſer le ſang, qu'en répandant le ſien: Il ſe voit neantmoins contraint de faire ceder les tendreſſes de Pere á la ſeuerité de Iuge, & à la raiſon d'eſtat, & de les faire charger de fers, pour vaincre par la crainte des ſupplices ceux qui ſe monſtroient inflexibles à ſes careſſes. L'empereur eſtonné qu'on aye reconnu pour Chreſtien deux des plus conſiderables de ſon armée, craignant qu'vne plus longue recherche, en découurant d'autres de meſme rang, l'oblige à le leuer ſiege, le fait preſſer ſi heureuſement, qu'ayant pris en vn aſſaut le Pere du Gouuerneur, il donne le choix à ſon fils, ou de rendre la place, ou de voir mourir ſon Pere à ſes yeux. Ce fils genereux, apres vn refus conſtant de trahir ſon Prince, & ſon honneur, voyant la teſte ſanglante de ſon Pere, ſort auec tant de furie, qu'ayant donné ſur le quartier du fils de l'Empereur, il l'emmene priſonnier dans ſa Citadelle.

ACTE QVATRIESME.

IXVNVS mourroit de douleur, voyant son fils prison-
nier, & prest à estre esgorgé par le gouuerneur de la Citadelle, qui vouloit immoler cette victime aux manes
de son Pere, si vn des Capitaines n'arrestoit le coup, luy
apprenant que celuy d'ont il pleuroit la mort, estoit encores viuät, & qu'on luy auoit presenté la teste d'vn simple Soldat pour
celle de son Pere. La ioye, que receut l'Empereur par le recouure-
ment d'vn fils si aymable, esclata par mille transports, & par mille
embrassements mutuels. Mais nostre illustre Aueugle n'eut pas gou-
sté le plaisir de la liberté, s'il n'en eut fait part à son cher gouuerneur:
il demande cette grace a son Pere, & l'obtient aisément. Pendant
qu'on oste les chaisnes à nostre glorieux persecuté, & qu'on se prepa-
re à luy faire vn accueil plus fauorable que iamais, l'Amazonne
Agnes, qui estoit la premiere conqueste que Camille auoit fait à
Iesus-Christ, accompagnée de son fils Alexis, arriue au camp auec vn
puissant secours, qu'elle mene à son mary Cabado: elle n'y est pas en-
trée qu'elle apprend que son fils aisné Celse, & Polieucte son cousin
sont découuerts Chrestiens, & qu'ils sont sous les fers auec Toxima,
qui auoit caché Camille dans sa maison. Agnes, qui dans le trouble ou
elle estoit, n'auoit pas bien ouy, croyant que Toxima estoit reconnu
pour Camille, sans s'informer dauantage de la verité, se va presenter
à l'Empereur, & luy dit tout haut, que puisque Toxima est reconnu
pour Camille, elle, & son fils veulent estre reconnus pour Chrestiens,
Infortunée, qui découure innocemment vn secret si important à la
Religion! Quel estonnement dans toute la cour? qu'elle douleur
pour Cabado, qui voit toute sa maison enuelopée dans la ruine de
Camille son ennemy.

Barthelemy Centenier, *terminera la seconde iournée.*

ACTE CINQVIESME.

PROLOGVE. *Joseph Leotard.*

ABADO n'ayant peu flechir aucun des siens, ny par ses prieres, ny par ses larmes, execute les ordres de l'Empereur auec toute la rage d'vn amour mesprisé; & apres auoir condamné à l'huile bouïllante Celse son aisné, & Polieucte son cousin, les trouuant autant inflexibles à la rigueur, qu'ils l'auoient esté aux caresses, se laisse emporter au dernier excés de fureur, & leur fait couper la teste. Delà, il tente vainement de gaigner Agnes, & comme il rappelle dans son esprit, qu'elle est la source des malheurs, qui ont causé la ruine de toute sa famille, pour auoir trop facilement presté l'oreille à la nouuelle secte des Chrestiens, & s'estre laissé seduire aux persuasions de Camille, il les condamne tous deux à estre bruslés à petit feu. Mais il n'a pas plustost contenté sa fureur qu'il l'a voit suiuie de repentir, & d'vne extreme douleur; & le mesme amour qui l'a portéà cét excés de vengeance, luy fait tourner sa rage contre soy, car à la veuë des tristes reliques de ses enfans, qu'il considere comme le monument de sa cruauté, il s'abandonne au desespoir, qui le porte à venger leur innocence opprimée par son propre supplice.

ACTEVRS DE LA Tragedie.

IXVNVS Empereur du Iapon, *Ioseph Leotard*, de Malemort.

CAMILLE Iesuite deguisé sous le nom de Toxima, *Iean-Baptiste Dumas*, du Rasteau.

CABADO premier Mandarin ennemy de Camille, *Alexandre Hugolin*, de Monstier.

IXOGVNVS fils de l'Empereur, *Ioseph de la Costiere*, de Carpentras

AGNES femme de Cabado, *Charles Planet*, d'Aubignan.

CELSE Chompa fils de Cabado, *Barthelemy Centenier*, de Pernes.

ALEXIS Sampo frere de Celse, *Iacques de Verot*, de Carpentras.

POLIEVCTE Acafossy cousin de Cabado, *Louys Humbert du Puget*, de Bourg en Bresse.

XIAKI President, *Ioseph André*, de Carpentras.

TENSA General de l'Armé, *Arnoux Amie*, de Carpentras.

AMIDABVT Gouuerneur de Tayma assiegée, *Gabriel Gautier*, de Pernes.

ADABVT Pere du Gouuerneur, *Iean Pierre Gaudibert*, de Malaucene

GOTO compagnon de Camille *Ioseph Seruant*, de Carpentras.

CONSVRA Mandarin, *Ioseph Renoüard*, de Velensoles.

AMACVSA Mandarin, *Cesar Poutingon*, de Pernes.

ILIATVXIRO, *Simon Mathias de S. Hilaire*, de Carpentras.

PRINCES.

Esprit Pierre Antoine, de Malaucene.

François de l'Espine, de Caron.

Esprit Ioseph d'Allemand, de Carpentras.

Iean Martin Pelautier, de Carpentras.

Paul de Grandis, de Carpentras.

Emanuel de Reymondis, de Carpentras.

Hierosme de l'Estre, de Carpentras.

Baltasar Fort, de Riéz.
Iean Baculat, de Pernes.
Iean Gruzu, de Carpentras.
Iean Pontet, de Carpentras.
Antoine Chafoy, de Gigondas.
Claude Noel, de Bourg en Bresse.
Paul d'Ingaimberty, de Carpentras.
Louys de Pramiral, de Carpentras.
Alexandre Pusque, de Baume.
Iean Franc. Perrin, de Pernes.
Claude Clement, du Crestet.
Claude Ignace Curty, de Carpentras.
Henry Louys Petiti de Verdechamp, de Carpentras.
Gaspard Laurent, de Draguignan.
Iean Comte, de Malemort.
Ioseph, Laugier, de Carpentras.

Ioseph de Flere, de Carpent.
Paul Ignace Bartoquim, de Carpentras. } Genies.
Ioseph de Flere, de Carpentras.
François de l'Espine, de Caron. } Anges.
Nemesis, Louys de Pramiral, de Carpent.
Idolatrie, Alexandre Pusque, de Baume.
Vranie, Paul de Grandis, de Carpent.
Iean Gruzu, de Carpent.
Iean Franc. Perrin, de Pernes. } Bonzes.
Iean Pontet, de Carpentras.
Prophete, Antoine Chafoy, de Gigondas.
Raoul de saincte Geme.
Iean Bapt. de l'Espine. } De l'Empereur.
Esprit Ioseph de Flere.
Gaspard de la Fare. } PAGES
Paul Ignace Bartoquin. } de Cabado
Hyacinthe de la fare.
Henry de saincte Geme. } d'Agnes.

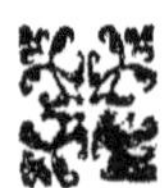

Acteurs des Entre-actes.

I. PROLOGVE. *Louys Humbert du Puget.*

II. PROLOGVE. *Louys de Granges.*

Charles Planet, d'Aubignan.
Louys de Grange, de S. Paul trois Chasteaux.
Iacques de Verot, de Carpentras.
Jean Pelotier, de Carpentras.
Pierre Augier, du Barrot.
Jean Bacular, de Pernes.
François de l'Espine, de Caron.
Alexandre Hugolin, de Monstier.
Paul de Grandis, de Carpentras.
Emanuel de Remondis, de Carpentras.
Esprit Ioseph d'Allemand, de Carpentras.
Joseph Bladier, de Carpentras.
Alexandre Bouuard, de Mazan.
Claude Clement, du Crestet.
Hierosme de l'Estre, de Carpentras.
Ioseph de Flere, de Carpentras.
Paul Ignace Bartoquin, de Carpentras.
Cæsar Potingon, de Pernes.
Balthasar Fort, de Riez.
Simon Mathias de S. Hilaire, de Carpentras.
Joseph André, de Carpentras.
Esprit Pierre Antoine, de Maulocene.

 Les Acteurs des Entre-actes representeront par leurs vers, ce que les Acteurs des Ballets ont representé par leurs pas,

L'OVBLY VAINCV.
BALLET.
ARGVMENT.

L'VNIQVE paſſion de l'illuſtre maiſon de Brancas a touſiours eſté le deſir de l'immortalité: elle la recherchée par toutes les voyes les plus glorieuſes : elle n'a pas eſpargné pour y reuſſir, ny le ſang de ſes Heros, ny les veilles de ſes ſçauants ; tous ſes efforts neantmoins ſe ſeroient trouués inutiles, ſi la magnificence de leur genereuſe heritiere, n'eut fauoriſé leur entrepriſe, vaincu la reſiſtence de *l'Oubly*, qui leur auoit eſté inſurmontable, & acheué l'ouurage dont ſes Anceſtres auoient à peine formé le deſſein. Elle voit donc s'eſleuer ſous ſes yeux vn temple magnifique, ou ſe briſent tous les efforts de l'enuie; & vn ſuperbe monument de ſa vertu, que la poſterité admirera, malgré la ialouſie du Temps qui vient à bout de toutes choſes.

Premiere Partie.

PREMIERE ENTRE'E.

SCANDECBERG, le Prince d'Albanie son fils, l'Admiral de Villars, & trois Heros de la maison de Brancas paroissent glorieux de leurs victoires, & s'en promettent l'immortalité par leurs trophées d'Armes, & les arcs triomphaux dressez à leur memoire.

SECONDE ENTRE'E.

L'oubly neantmoins qui a peu enueloper dans les tenebres les noms de tant de conquerants, n'espargne pas ces demy Dieux, quelque extraordinaires qu'ayent esté leurs actions.

SECONDE PARTIE,

PREMIERE ENTRE'E.

Comme les letres sont moins suietes à l'oubly, six hommes sçauants de la mesme famille tentent par la voye des sciences d'immortaliser leur merite : ils ont vn succez moins desauantageux que les Heros.

DEVXIESME ENTRE'E

Mais l'Enuie qui ne s'attache qu'à ce qui est de plus esclatant empesche par ses artifices, que leur victoire ne soit entiere.

TROISIESME ENTRE'E.

La Prudence par laquelle se sont signalez tant d'hommes de cabinet de cette grande maison, paroit pour dissiper les mauuais desseins de l'enuie, elle en viendroit à bout, si *l'Oubly* insolent par ses premieres victoires, n'estoit ancores le plus fort en cette occasion.

TROISIESME PARTIE.

PREMIERE ENTRE'E.

Apres tant de combats inutiles, la Noblesse d'ont le propre est de triompher du temps & de l'Oubly, & de perpetuer la memoire des

grands hommes entre pour mettre fin à ce deſſein ſi ſouuant,& ſi inutilement entrepris.

DEVXIESME ENTRE'E.

Elle eſt ſuiuie desGenies de Bourbon,de Naples, de Normandie, de
Prouence &c. qui partant de hautes, & de Royalles alliances eſ-
perent vn meilleur ſuccez que les armes,les ſciences,& le conſeil.

TROISIESME ENTRE'E.

Mais l'Oubly couronne ſes premieres victoires par ce dernier
ſuccez.

QVATRIESME PARTIE,
PREMIERE ENTRE'E.

L'oubly reuient pour dánſer vn ballet de triomphe,mais on voit en
cette rencontre , que la magnificence Chreſtienne à plus de force
pour dompter ce Monſtre que ny les armes, ny les letres , ny la Nobleſſe.

DEVXIESME ENTRE'E.

Car cette Royalle vertu , qui n'a point de traits qui ne repreſen-
tent l'Illuſtre Marie de Brancas, ſuiuie des Genies de la Religion , de
la Pieté,de la Paix , de la Gloire, de l'Abondance, de la Nobleſſe, de
l'Amour, & de l'Immortalité , l'eſpouuente en ſorte par ſa ſeule pre-
ſence, qu'elle le contraint de mettre bas les armes , & de ſe confeſſer
vaincu,en meſme temps qu'il ſe voit chargé de fers.

TROISIESME ENTRE'E.

La defaite de cét ennemy donne la liberté à ſix Maçons de venir
en cadance,la truelleà la main pour eſleuer le Temple qu'ils auoient
deſſeigné.

QVATRIESME ENTRE'E

Ils ſont ſuiuis d'autant de Sculpteurs,qui viennent embellir cét ouurage, & grauer les Armes de la tres magnifique Marie de Brancas.

CINQVIEME ENTRE'E.

Apres quoy tous enſemble danſent vn ballet de reſioüiſſance à
l'entour de leur ouurage.

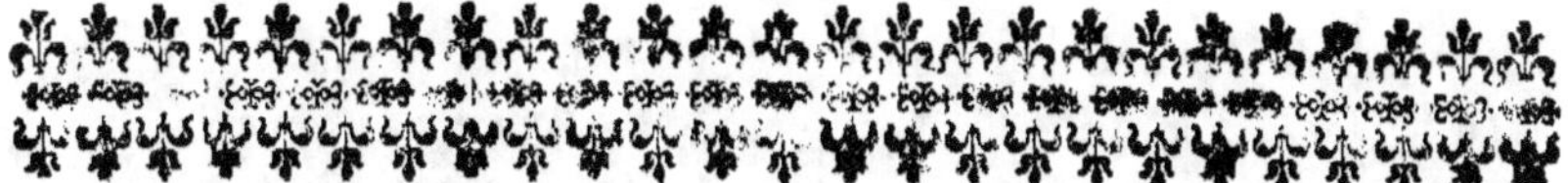

<table>
<tr><td>

ACTEVRS DV
Ballet.

Louys Humbert du Puget.
Ioseph Leotard.
Louys de Grange.
Iean Pelotier.
Arnoux Amie.
Iean Bapt. Dumas.
Iacques de Verot.
Baltasar Fort.
Iean Pontet.
Iean Comte.
Antoine Chafoy.
François de l'Espine.
Esprit Ioseph d'Allemant.
Emanuel de Reymondis.
Claude Ignace Curty.
Claude Clement.
Henry Louys Petiti.
Louys de Pramiral.
Alexandre Bouuard.
Alexandre Pusque.
Alexandre Hugolin.
Gaspard Laurent.
Barthelemy Centenier.
Iean Siffren.
Claude Noel.
Ioseph Leautier.

    Monsieur *Louys de Beau-Soleil,*
termineta tous les Ballets par
vne Sarabande.

</td><td>

Fairont compliment à
MADAME.

Truchements.
Alexandre Hugolin, en Hebreu,
Truch.   *P. Ignace Bartoquin.*
Iean Pierre Ganaibert, en grec. *Hier.*
Truch.   *de l'Estre.*
Charles Tabaret, en Allem. *Franc.*
Truch.   *de l'Espine.*
Esp. P. Antoine, en Espagn. *P. de Ste.*
Truch.   *Gme.*
Louys Humb. du Puget, en Ital. *Iacques*
Truch.   *de Verot.*
Ioseph Renoüard, en Canadois *Lou.*
Truch.   *de Pramiral.*
Iean Siffren, en Prouençal.
Franc. Perrin, en Hebreu. *Eman.*
Truch.   *de Remondis.*
Iean Bapt. Dumas, en Grec. *Ioseph*
Truch.   *de Flere.*
Estien. Laudot, en Allemand, *Esprit*
Truch.   *d'Allemand.*
Gasp. Laurent, en Espagnol, *Simon*
Truch.   *de S. Hilaire*
Ioseph Pelautier, en Italien, *Ignace.*
Truch.   *Curty.*
Ioseph Bladier, en Canadois, *Iean.*
Truch.   *Laugier.*
Pierre Augier, en Holland. *Claude*
Truch.   *Clement.*
Alexandre Hugolin, en Prouençal.
Arnoux Amie, en Iaponois.

    Introducteur de toutes ces Na-
tion. *Ioseph Seruant.*

</td></tr>
</table>

Diſtribution des Prix.

ERCVRE meſſager des Dieux inuite tous les autres à rendre cette iournée celebre par leur pre-
ſence : Apollon & Oedipe s'y rendent des premiers, & tous enſemble apres vn ballet, prenent la
reſolution de faire publier la Magnificence de
MADAME par diuers eloges. D'abord les qua-
tre ſaiſons, veritables ſymboles des Eſprits, ſe pre-
ſentent pour y trauailler, & apres vn combat opiniaſtre qu'elles font
en cadance, Apollon declare le Prim-temps victorieux. Ce combat
eſt ſuiuy d'vn autre ſemblable de quelques Champions, dont les eſprits ont beaucoup de raport auec les diuerſes qualitez des ſaiſons:
ils diſputent le prix par diuers exercices, & Apollon declarant victorieux les plus adroits, en fait le choix pour terminer toute l'action par
diuers Eloges de la magnificence de l'illuſtre Marie de Brancas leur
inſigne bienfactrice : Ils s'en acquitent par des compliments en lan-
gages differants ; & en ſuite Apollon ordonne qu'on en recompen-
ſe les autheurs, qui apres mille fanfares de trompetes, & les applau-
diſſemens de tous les ſpectateurs ſeront appellez pour receuoir
les prix.

Cette diſtribution des prix ſera ſuiuie de deux grands ballets, dont
les acteurs teſmoigneront à Pallas par leurs ſouſmiſſions les ſenti-
ments de leur reconnoiſſance.

Monſieur *de Beau-Soleil* leur ſuccedera, & terminera tous les ballets
par vne ſarabande.

Humbers du Puget, fermera la Scene par vn compliment.

FIN.